PARIS

Reisen, Raten & Entdecken für KIDS

Der spannende City-Guide mit kniffeligem Rätselspaß und Tipps für Globetrotter von 6-12!

* Hallo Max, ich zeige Dir Paris!

Inhalt:

Die Metro von Paris

Das Pariser U-Bahn Netz
breitet sich auf einer **Länge von 230 km** aus.

Es ist eines der größten weltweit.

Es gibt **16 Linien,** wovon eine sogar vollautomatisch gesteuert wird und somit führerlos fährt!!!

* Hallo Max, lass uns Paris gemeinsam entdecken!

Kennst du die Antwort?

Suche einen Metroplan und beantworte die Fragen

Wie viele U-Bahn Linien zählst du?

16 Linien ....

Was ist ein RER?

....

Wichtige französische Worte:

le ticket	Fahrkarte
le plan de métro	Metroplan
je cherche	ich suche
Oú est-ce que je peux acheter un ticket?	Wo kann ich ein Ticket kaufen?

Die Tricolore

Fahne von Paris

Die Fahne Frankreichs, die Tricolore, mit je drei gleich breiten Streifen in Blau, Weiß und Rot stammt aus der Zeit der Französischen Revolution und ist seit 1794 die offizielle Nationalflagge Frankreichs.
Sie ist eine Kombination aus dem Wappen von Paris, mit den Hauptfarben Blau und Rot, und der königlichen Farbe Weiß. Die **Farben symbolisieren** aber auch den Leitspruch der Revolution: **Freiheit (Weiß), Gleichheit (Blau), Brüderlichkeit (Rot).**

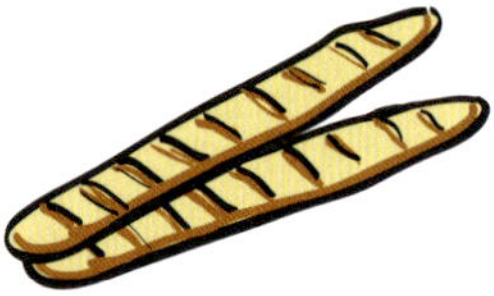

Das brauchst du um einzukaufen:

L´addition s´il vous plait!	Die Rechnung, bitte!
l´argent	Geld
Combien ça coûte?	Wieviel kostet das?
cher	teuer
bon marché	billig

Kennst du die Farben?

Male die französische Flagge
in den richtigen Farben aus:

Woher kommst du?

Male die Flagge deines Heimatlandes dazu:

L´Arc de Triomphe und der Place de l'Étoile

Der Triumphbogen wurde 1806 auf der Place de l´Étoile auf Befehl von Napoleon I. zum Gedenken an die siegreiche, französische Armee erbaut. Er wurde erst 30 Jahre später unter Louis Philippe fertig gestellt.

Jedes Jahr findet die **große Parade** zum Nationalfeiertag am **14. Juli** dort statt.
Die angrenzenden Straßen kommen strahlenförmig auf den Platz zu, daher auch sein Name Étoile, der Stern.

Höhe: 49 m
Breite: 45 m

Kennst du die Antwort?

Warum heißt der Platz „Étoile“?

Welches Ereignis feiern die Franzosen am 14. Juli, ihrem Nationalfeiertag?

*Ja, und schau die Fahnen an!

Place de la Concorde

Der **Obelisk von Luxor** ist **3300 Jahre** alt. (13 Jhdt. V.J.C.) Im Jahr 1836 schenkte Ägypten den Franzosen den Obelisk als Zeichen der Anerkennung für die Lösung eines großen Rätsels des 19. Jahrhunderts: der **Entzifferung der ägyptischen Hieroglyphen** durch eine französischen Wissenschaftler.

Höhe: 22,86 m

Kennst du die Antwort?

Wie hieß der Champion der Hieroglyphen?

1. Jean Champignon ❑
2. François Steinpilz ❑
3. Jean- François Champollion ❑

Wo steht sein Zwillingsbruder?

....

....

Doch die Place de la Concorde war auch **Schauplatz zahlreicher Hinrichtungen** während der französischen Revolution.

Joseph Ignace Guillotin entwickelte die Guillotine um die Arbeit der Henker zu erleichtern. Während der Zeit der Terreur wurden unzählige Franzosen geköpft.

Auch Ludwig XVI und seine österreichische Frau Marie-Antoinette wurden mit dem «Nationalen Rasierer» um einen Kopf kürzer gemacht. Die Spitznamen für diese lieblich Erfindung waren Rasoir national (der National-rasierer) oder la raccourciseuse (die Verkürzerin).

Wie kam es zur Revolution?

Nach zahlreichen Hungersnöten und Kriegen stieg die Unzufriedenheit des französischen Volkes immer mehr. Die Menschen waren von der Lebensart des Adels, insbesondere aber der Verschwendungssucht der ungeliebten „Österreicherin“ abgestoßen. Sie warf das Steuergeld beim Fenster hinaus und feierte Feste, kaufte sich Schmuck und teure Kleider.

Als der König den Lärm und die Rufe
auf der Straße hört, fragte er seinen Minister:
„Ist das eine Revolte?“
Dieser antwortete ihm darauf:
“Nein Sire, das ist eine REVOLUTION!“

Kennst du die Antwort?

Wie lautet das Motto der Revolution?

1. Liber - té, Égalité - té,
   geschnittene Nudeln im Kaffee? ❑

2. Liberté, Égalité, Fraternité
   (d.h. Freiheit, Gleichheit, Brüderlichkeit) ❑

Marie-Antoinette war die Tochter von Kaiserin Maria Theresia und Franz I. Stephan v. Lothringen von Österreich. Mit 14 Jahren heiratete sie nach Frankreich. Und so soll sie damals ausgesehen haben.

L´Avenue de Champs-Elysées

Die Champs-Élysées befinden sich im **8.Bezirk**, im Nord-Westen der Stadt. Sie beginnen auf der Place de la Concorde, wo der Obelisk von Luxor in den Himmel ragt, und führt über eine **Länge von 1.910 m** von Osten nach Westen, zuerst eben und dann ansteigend, **bis zur Place Charles de Gaulle** auch Étoile (der Stern) genannt.

Die Avenue ist **70 Meter breit und fast 2 Kilometer lang.** Nur zum Vergleich: Die Straße ist so breit, dass darauf 35 Autos nebeneinander stehen könnten.

Die Champs-Élysées waren schon immer **Schauplatz großer historischer Ereignisse:** So fanden hier u.a. die Parade anlässlich der Befreiung durch die Amerikaner im Jahr 1944 und auch die Siegesfeier nach der Fußball-Weltmeisterschaft 1998 statt.

Nationalfeiertag

Am 14. Juli feiern die Franzosen ihren Nationalfeiertag. Er gilt als Andenken an die Französische Revolution, die mit dem Sturm auf die Bastille im Jahr 1789 ihren Anfang nahm.
Jedes Jahr findet daher hier die große Militärparade statt. Alle Streitkräfte, ob Bodentruppen, Luftwaffe oder Marine stellen ihre Macht zur Schau.
Den krönenden Abschluss bildet eine Fliegerstaffel, die über die Avenue fliegt, vorbei an den Ehrentribünen, die auf der Place de la Concorde aufgebaut sind.

Aux Champs Elysées

Je m'baladais sur l'avenue le cœur ouvert à l'inconnu
J'avais envie de dire bonjour à n'importe qui
N'importe qui et ce fut toi, je t'ai dit n'importe quoi
Il suffisait de te parler, pour t'apprivoiser

Chorus:
Aux Champs-Elysées, aux Champs-Elysées
Au soleil, sous la pluie, à midi ou à minuit
Il y a tout ce que vous voulez aux Champs-Elysées

Tu m'as dit „J'ai rendez-vous dans un sous-sol avec des fous
Qui vivent la guitare à la main, du soir au matin“
Alors je t'ai accompagnée, on a chanté, on a dansé
Et l'on n'a même pas pensé à s'embrasser

Chorus
Am Champs-Elysée, am Champs-Elysée,
im Sonnenschein oder im Regen,
zu Mittag oder um Mitternacht,
es gibt alles was du willst, am Champs-Elysée.

Hier soir deux inconnus et ce matin sur l'avenue
Deux amoureux tout étourdis par la longue nuit
Et de l'Étoile à la Concorde, un orchestre à mille cordes
Tous les oiseaux du point du jour chantent l'amour

Chorus

Lyrics von Joe Dassin

Das Lied zur Stadt:

Dieses berühmte Liebeslied beschreibt zwei Unbekannte, die sich auf der Champs-Elysée treffen und ineinander verlieben.

Kennst du die Antwort?

Die Champs-Elysée sind der Schauplatz für das große Finale eines jährlichen Sportereignisses. Welches?

....

....

Welche Bauwerke befinden sich am Anfang und am Ende dieser Prachtstraße?

....

....

Der Eiffelturm

Gewicht:	....
Höhe:	....
Metallteile:	18.000
Nieten:	2,5 mio
Stiegen:	1.710

Für einen Anstrich benötigt man 50 Tonnen Farbe! Das letzte Mal wurde er anlässlich der 200 Jahrfeier der französischen Revolution restauriert.

Der **Eiffelturm gilt heute als Wahrzeichen von Paris.** Das war aber nicht immer so. Erbaut wurde der, von Gustav Eiffel geplante Turm, zwischen 1887 und 1889, anlässlich der Weltausstellung in Paris und zum 100 Jahr Jubiläum der Französischen Revolution. Er wurde wie ein überdimensionales 3 D Puzzle aus einzelnen, vorgefertigten Eisenteilen zusammengesetzt und war damals mit 320 m Höhe das höchste Bauwerk der Welt.

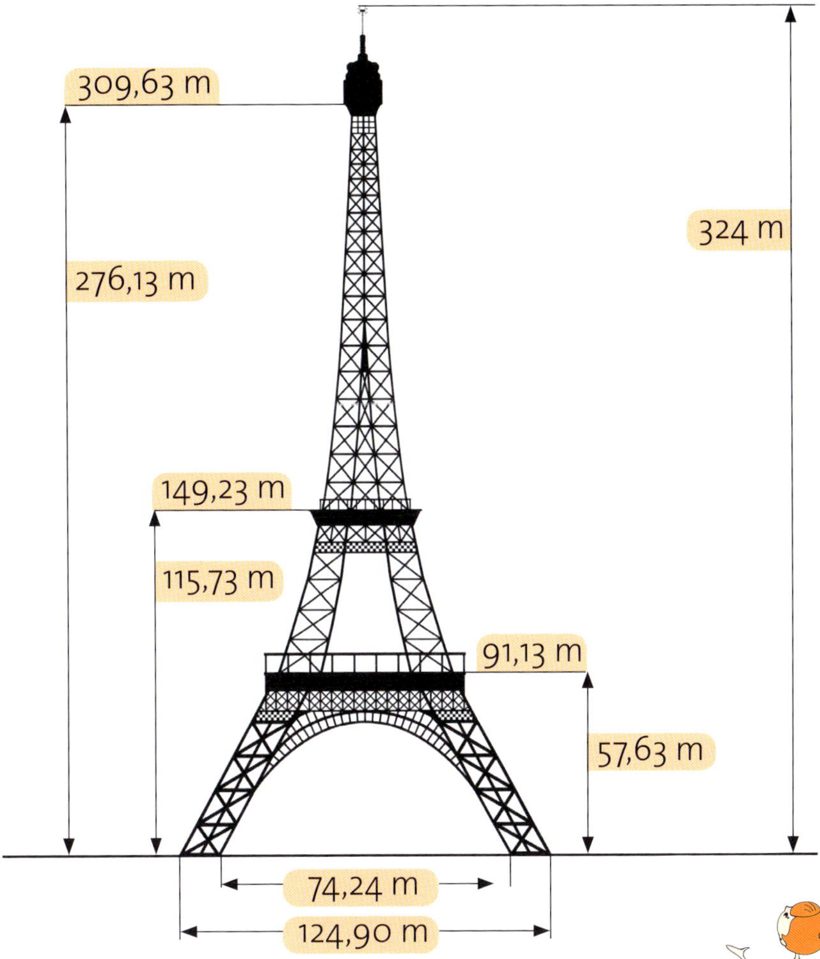

Aber nicht alle waren damals davon begeistert. Hämisch wurde er von vielen Parisern als „Skelett, scheußliche Metallsäule oder sogar als tragischer Lampenschirm" verspottet. Der Erfolg bei der Weltausstellung ließ die Gegner jedoch schnell verstummen, und nun erklimmen jedes Jahr unzählige Touristen die 1652 Stufen bis zur 2. Aussichtsplattform.

Der Invaliden Dom

König Ludwig XIV ordnete den Bau dieses Gebäudes an. Er wollte den **Kriegsveteranen eine Bleibe** bieten. Heute dient das Gebäude nicht nur den Kriegsveteranen, sondern beherbergt auch noch **einige Museen und einen Soldatenfriedhof.** In der Kirche wurden die **sterblichen Überreste von Napoleon** in einem beeindruckenden Sarkophag beigesetzt. Auch viele andere berühmte Persönlichkeiten fanden hier ihre letzte Ruhestätte.

Kennst du die Antwort?

Finde mind. 5 historische Persönlichkeiten, die hier begraben sind:

1. ....
2. ....
3. ....
4. ....
5. ....

Was weißt du von Napoleon I.?

- Er wurde in Ajaccio auf Korsika geboren.
- geboren am 15. August 1769, gestorben am 5. Mai 1821 in St. Helena.
- Die Französische Revolution, die 1789 begann, machte seinen Aufstieg erst möglich.
- Er war einer der bedeutendsten Feldherren der Franzosen und eroberte einen Großteil Europas.
- Er krönte sich selbst am 2. Dezember 1804 in der Kathedrale von Notre Dame zum Kaiser der Franzosen.

Während sehr langer Zeit schien Napoleon unbesiegbar. Seinen **größten Triumph** errang er bei der **Schlacht von Austerlitz,** wo er gegen 2 weitere Kaiser siegte. Der Kaiser von Österreich und der russische Zar standen ihm gegenüber. Diese Schlacht ging auch unter dem Namen der „Drei-Kaiserschlacht" in die Geschichte ein.

Seine erste Niederlage: der russische Winter

Napoleon wollte ganz Europa erobern. Er schlug die Österreicher, die Polen und die Deutschen und zog nun gegen Russland, als sein Stern zu sinken begann und sein sprichwörtliches Glück anfing ihn zu verlassen. Der russische Winter schaffte, was keine Armee zuvor erreicht hatte. Er schlug die große Armee und zwang die Franzosen zur Rückkehr. Nur eine Handvoll erschöpfter Soldaten schaffte den Weg nach Frankreich zurück.
Der Hunger und die Kälte hatten die einst so ruhmreiche Armee vernichtet. Weitere Niederlagen folgten.
Napoleon wurde von den Engländern und ihren Verbündeten auf die **Insel Elba ins Exil** geschickt.

Napoleon und Waterloo

Doch noch gab er nicht auf. Noch einmal sammelte er seine Streitmächte und zog nach Paris. **Während 100 Tagen,** auch «100 jours» genannt, übernahm er noch einmal die Macht. Aber sein Glück hatte ihn schon verlassen.
Bei **Waterloo verlor er seine letzte große Schlacht** gegen die Engländer und ihre Verbündeten.
Das war das **Ende des großen, kleinen Kaisers!** (Er war nämlich nur 1, 58 m groß!!)

Kennst du die Antwort ...

Was geschah mit Napoleon
nach seiner Niederlage?

1. Er wurde guillotiniert ❑
2. Er wurde nach St. Helena ins Exil geschickt ❑
3. Er bleibt in Paris und schreibt ein Buch ❑

Wann begann die Französische Revolution:

1. 1769 ❑
2. 1789 ❑
3. 1804 ❑

Süß und salzig – Pariser Cafés bieten für alle etwas!

Paris erleben heißt auch, in einem der berühmten Pariser Straßencafés das Treiben der Stadt zu bestaunen. Vor ca. 100 Jahren waren diese **Cafés beliebter Treffpunkt** von jungen Schriftstellern, Künstlern und Intellektuellen – wie z.B. Ernest Hemingway, Jean-Paul Sartre oder Antoine de Saint-Exupéry (Autor von „Der kleine Prinz").
Noch heute treffen sich Touristen und Pariser in den beliebten Cafés. Auf den Speisekarten finden sich **klassische, französische Gerichte.** Ob Frühstück, Snack oder Menü – hier findet jeder etwas Passendes. Im „Café de Flore" oder im „Les Deux Magots" ist das ursprüngliche Pariser Flair unverändert spürbar.

Für Schleckermäuler gibt es eine eigene Adresse – „Ladurée“. Hier warten kleine, feine Köstlichkeiten, wie z.B. die bekannten **„Macarons“ in über 40 Sorten.**

Findest Du diese typischen Gerichte auf der Speisekarte?

Croque Monsieur – Schinken Käse Toast
Croque Madame – Schinken Käse Toast mit Spiegelei
Quicke Lorraine – Tarte mit Speck-Lauch Fülle
Coq au Vin – Huhn in Rotweinsauce
Macarons – Baisergebäck mit Cremefüllung
Mousse au chocolat – Schokoladencreme

Le Musée Rodin

Auguste Rodin ist einer der **bedeutendsten Bildhauer des 19.Jhdt.** (geboren am 12. November 1840 in Paris, gestorben am 17. November 1917 in Meudon). Camille Claudel war seine Muse und sein große Liebe.

Kennst du die Antwort?

Seine größten Werke – Finde die Namen:

....

....

....

Grüne Inseln – der Jardin du Luxembourg

Der Jardin du Luxembourg im **Quartier Latin** ist einer der wenigen Parks in der Stadt und sehr beliebt. Die Pariser treffen sich hier zum „Boules“ spielen. Maria von Medici ließ den Park 1612 in Erinnerung an die Gärten ihrer Heimat Florenz anlegen. Wald, Obstgärten und Gewächshäuser bieten viel Abwechslung. Die Imkerei kann man sogar besichtigen. **106 Statuen** schmücken den Park.

Spiel und Spaß für Groß und Klein!

Beim großen Wasserbecken, dem „Grand bassin“, lassen Kinder Boote fahren, die man sich ausleihen kann. Ponyreiten, Kutschenfahren, das Karussell und das Marionettentheater sind weitere Besonderheiten. Das Palais du Luxembourg liegt am Rande der Gartenanlage.

Kennst du die Antwort?

Findest Du das Vorbild der Freiheitsstatue von New York?

Das Pantheon und das Foucaultsche Pendel

In der Nähe des Jardin du Luxembourg kann man ein spannendes physikalisches Experiment beobachten. Doch dazu später.
Schon seit dem 5. Jahrhundert stand an dem Platz, wo heute die große Ruhmeshalle, das **Pantheon** steht, eine Kirche. Ludwig XV beauftragte den Bau als Dank für seine Genesung nach einer schweren Krankheit im Jahre 1744. Nach langer Planung und vielen Schwierigkeiten wurde der Bau erst 1790 fertiggestellt.

Während der französischen Revolution wurde die Kirche von den Führern der Revolution in eine Ruhmeshalle für berühmte Franzosen umgewandelt. So liegen Victor Hugo, der Autor von „Les Misérables“ oder Alexandre Dumas, berühmt durch seine „Drei Musketiere“ hier begraben. Auch Marie Curie, die berühmte Wissenschaftlerin, ist in der Krypta beigesetzt.

Die Attraktion im Pantheon ist aber das riesige Pendel, das erstmals im Jahr 1851 von Leon Foucault im Pantheon aufgehängt wurde. Das sanfte Schwingen des Pendels ohne fremde, äußere Kraft beweist, dass unser Planet sich dreht. Dieses Phänomen nennt sich Erdrotation.

Im Auftrag von Louis Napoleon Bonaparte montierte der Wissenschaftler sein Pendel in der Kuppel des Doms. Das Stahlseil ist 67 m lang, die Messingkugel wiegt 28 kg und hat einen Durchmesser von 38 cm.

Le Musée du Louvre

Die erste **Festung des Louvre** unter Philippe Auguste wurde an einem Ort Namens Lupara gebaut, dessen Etymologie (Herkunft) unklar ist. Eine Annahme ist, dass der Name von Lupus – der Wolf abstammt und auf einen von Wölfen bewohnten Ort hinweist. Viele französische Könige ernennen die Festung zu ihrer Residenz: Philipp, der Schöne, Franz I, Heinrich IV und sein Sohn Ludwig XIII. Während der französischen Revolution wurde das Schloss in ein **Museum** umgewandelt und **beherbergt** heute **viele Kunstschätze.**

Datum der Eröffnung: 1793
Fläche: 160.106 m²
Anzahl der Kunstwerke: 300.000

Mona Lisa

Das **wohl bekannteste Bild der Welt** befindet sich im Louvre: Mona Lisa, auch la Gioconda genannt, von Leonardo da Vinci. Schau es Dir einmal an. Du wirst verwundert sein.

Leonardo da Vinci hat es Dir vorgemacht. Hier kannst Du Deiner Phantasie freien Lauf lassen.

Le Musée du Louvre

Im **Louvre befindet sich eine der bedeutendsten Kunstsammlungen** der Welt. Neben unzähligen Gemälden werden auch berühmte Werke aus der Bildhauerei gezeigt.
Findest Du z.B. die Statue der Venus von Milo?

Kennst du die Antwort?

Finde andere berühmte Kunstwerke

....

....

....

Montmartre – Sacré Cœur – Place du Tertre

Der **Hügel von Montmartre** ist der **höchste Punkt von Paris** (130 m), und die höchste Straße ist die Rue du Télégraphe. Die Butte Montmartre befindet sich im Norden der Hauptstadt und ist wohl eine der meistbesuchten Fremdenverkehrsattraktionen.

Das Montmartreviertel ist gleichzeitig die **Geburtsstätte des Cabarets** und eines ganz **berühmten Tanzes:** des CANCAN

Kennst du die Antwort?

Welcher französische Maler hat zahlreiche Plakate für das Cabaret des Moulin Rouge gemalt?

....

....

Die **Place du Tertre** befindet sich im 18. Bezirk von Paris im Montmartre Viertel und nur einige Schritte von einer großen Basilika entfernt. Über den Dächern von Paris ist sie wohl das **größte Freiluftatelier Frankreichs.** Zahlreiche Karikaturisten und Maler geben sich dort ihr Stelldichein.

Die **Basilika von Sacré-Cœur** ist auf einem alten Kultplatz erbaut. Schon die Römer beteten auf dem Hügel, den sie Mons Mercurii nannten, zu ihren Göttern.
Der hl. Dionysos (der erste Pariser Erzbischof) wurde auf diesem Hügel von den Römern geköpft.

La Seine und le Pont Neuf

Die Seine ist ein französisches Wahrzeichen. Auf einer **Länge von 776 km** fließt sie im Pariser Becken. Ihre Fließrichtung ist von Süden nach Nord-Westen. Sie mündet im Ärmelkanal.

Früher gab es einen **regen Schiffsverkehr** auf der Seine und Handelschiffe kamen vom Meer bis nach Paris. **Heute** ist die Seine auf einer langen Strecke versandet und für die Schifffahrt **nur noch auf wenigen Teilstrecken** geeignet.

Trotz seines Namens – **Pont Neuf** (d.h. die Neue Brücke) – ist der Pont Neuf **die älteste Brücke von Paris,** und die einzige die aus dieser Zeit noch erhalten ist. Sie wurde **1607** eingeweiht.
Die Brücke war die erste Brücke in Paris, die keine Aufbauten trug. Bis ins 19 Jahrhundert hinein war sie aber auch Schauplatz vieler Märkte. Heute ist sie als „historisches Denkmal" eingestuft und ist Treffpunkt vieler Liebespaare.

Kennst du die Antwort?

Welcher König bewacht den Pont Neuf?

....

*Mit Vergnügen!

Die Bouquinisten

Die Bouquinisten von Paris sind **Antiquare, die alte Bücher oder Sonderangebote verkaufen.** Du findest sie immer auf den Quais der Seine, auf der rechten Seite der Seine, der Rive droite vom Pont Marie bis zum Quai du Louvre und auf der linken Seite vom Quai de la Tournelle bis zum Quai Voltaire. Alle haben sie die gleiche Kiste von 8,2 m Länge.

Das erste Mal verkauften die Bouquinisten 1891 ihre alten Bücher. Heute sind noch circa 250 von ihnen übrig. Sie gehören zum Stadtbild, wie der Eiffelturm. Sie müssen für ihre Stände **keine Miete zahlen**, verpflichten sich jedoch regelmäßig geöffnet zu haben.

Wer weiß, vielleicht findest du dort einen Schatz.

Die Ile de la Cité - Sainte Chapelle:

Die Sainte Chapelle wurde von Ludwig IX, dem Heiligen, erbaut, Sie beherbergt die **Reliquien der Passion Christi.** Im Jahre 1239 hatte Ludwig die **Dornenkrone vom Kaiser Balduin von Konstantinopel** gekauft. Allerdings findest du auch in Rom zwei Dornen aus der Dornenkrone. Es gibt wahrscheinlich eine Unzahl von Dornen, aus denen man mehr als eine Krone machen könnte.

Kennst du die Antwort?

Erkennst Du den Baustil der Kapelle?

1. romanisch ❑
2. gotisch ❑
3. barock ❑

Die Kathedrale von Notre Dame de Paris

Notre-Dame de Paris, für die Pariser kurz Notre-Dame genannt, ist die **Kathedrale der Erzdiözese von Paris.**

Sie ist zwar nicht die größte Kathedrale Frankreichs, aber sie ist sicherlich eines der **beeindruckendsten Bauwerke der Gotik.** Zur Zeit ihrer Fertigstellung war sie die größte Kathedrale der Christenheit.

Wenn Du gute Augen oder einen Feldstecher bei Dir hast, schau dir doch die Steinfiguren ganz oben auf den Türmen an. Die gruseligen Wasserspeier machen richtig Angst.

Seit dem Brand in der Kathedrale am **15. April 2019** sind das Gebäude und seine Umgebung geschlossen. Derzeit sind Sicherungsarbeiten und später Restaurierungsarbeiten im Gange.

Kennst du die Antwort?

Die wichtigsten Daten:

Länge:	....
Breite:	48 m
Höhe des Gewölbes:	35 m
Höhe der Türme:	....
Länge des Chores:	....
Länge des Querschiffs:	....

Finde den Durchmesser der Rosette heraus!

....

Der Bau von Notre Dame war ein gewaltiges Unterfangen. Anhand dieses Modells kann man sich vorstellen, wie schwierig der Bau damals ohne Kran und Bagger war.

Notre Dame de Paris – der Schauplatz für eine berühmte Geschichte von Victor Hugo!

Quasimodo wurde als **missgestaltetes Findelkind** von Dom Claude Frollo, dem im Ruf eines Hexenmeisters stehenden Dompropst von Notre-Dame, aufgezogen und zum **Glöckner von Notre-Dame** ausgebildet.

Im spätmittelalterlichen Paris wird Quasimodo am Tag des Narrenfestes (am 6. Januar) bei einem derben Volksfest zum Narrenpapst gewählt, während der Dichter Pierre Gringoire mit seinem Mysterienspiel beim Publikum unbeliebt geworden war. Eine wichtige Figur des Narrenfestes ist die Zigeunerin Esmeralda, die durch ihren Tanz Zuschauer gewinnt und Verfolger anlockt, so auch Dom Frollo. Als Gringoire ihr folgt, beobachtet er, wie Quasimodo Esmeralda entführen will.

Da es Dom Frollo nicht schafft, Esmeralda für sich zu gewinnen, treibt er sie in die Gewalt der Inquisition. Es gelingt Quasimodo, vorübergehend Kirchenasyl in Notre-Dame für die Verehrte zu ermöglichen.

Vor ihrer Hinrichtung kann er sie aber nicht retten. Quasimodo stürzt seinen Herrn Dom Frollo daraufhin von einem Turm der Kathedrale in die Tiefe. Er selbst stirbt am Grab der Esmeralda.

Le Centre Pompidou

Das Centre national d'art et de culture Georges-Pompidou, kurz Centre Pompidou, ist ein **Mehrzweck Veranstaltungs- und Museumsgebäude.** Es liegt im 4. Bezirk von Paris zwischen den Halles (dort ist auch das größte Buchgeschäft von Paris) und dem Marais.

Jedes Stockwerk bildet eine vollkommen **veränderbare Plattform.** Alle technischen Einrichtungen und Kommunikationswege befinden sich immer an der Außenhaut des Gebäudes. Diese Tatsache ist es auch, die dem Gebäude sein typisches Aussehen verleiht.

Einige Kritiker verglichen es mit einer **Ölraffinerie im Zentrum der Stadt.** Auch die vertikalen Kommunikationswege, wie Personenverkehr und Kabel liegen auf der Außenseite des Gebäudes.

Die **farbigen Rohre** sind ganz **typisch für dieses Gebäude.** Die Belüftungsrohre sind blau, die Wasserleitungen sind grün und die elektrischen Leitungen in gelb gekennzeichnet. Die Aufzüge wurden in rot gehalten. Die Kanalisation ist weiß angestrichen. Selbst die Stützen des Gebäudes sind sichtbar.

Der Platz vor dem Centre Pompidou ist immer **Schauplatz von Spektakeln, Künstlern** und auch Touristen.

* Ich glaube nicht, Max.

Kennst du die Antwort?

Wieviele Stockwerke hat das Centre Pompidou?

....

Finde die unterschiedlichen Farben der Rohre heraus?

....

....

Wie heißt das Viertel?

....

Le Musée d´Orsay

Das Palais d'Orsay hat eine **turbulente Geschichte.** Ursprünglich erbaut für den Conseil d'Etat (hier zu vergleichen mit dem Bundesrat) brannte das Gebäude 1871 vollkommend ab. Darauf beschloss die Gemeinde von Paris einen Bahnhof zu errichten, der **1986 endgültig in ein Museum umgewandelt** wurde.
Heute findet man hier eine **sehr große Sammlung von impressionistischer und moderner Kunst,** die vorher im Museum des Jeu de Paumes war.

Auf den Spuren des Impressionismus

Mit dem **farbenfrohen, leichten Stil des Impressionismus** beginnt am Ende des 19. Jhdts. die Moderne in der Malerei. Früher war es wichtig, die Natur und das Leben so wiederzugeben, wie es war. Jetzt ging es darum, **eine Stimmung einzufangen,** mit dem **Licht zu spielen** und das eigene Empfinden im Bild darzustellen. Meister dieses Stils waren unter anderem **Monet, Renoir oder Degas.**

Ein bekannter Künstler, der den Impressionismus bereits weiterentwickelte, und als **Vorläufer zum Expressionismus** gilt, ist **van Gogh.**

Kennst du die Antwort?

Finde die Namen von 5 berühmten impressionistischen Malern heraus?

1. ....
2. ....
3. ....
4. ....
5. ....

Welcher Maler bevorzugte das Motiv der Balletttänzerinnen?

....

Wer malte das Bild mit den Seerosen?

....

Welcher impressionistische Maler schnitt sich sein linkes Ohr ab. Er war der Freund von Gauguin?

....

Finde die Namen zweier seiner Bilder?

1. ....
2. ....

König Ludwig XIV.

Eine offene Rechnung

Ludwig XIV wird 1638 in Saint-Germain-en-Laye geboren. Als er 5 Jahre alt ist, stirbt sein Vater Ludwig XIII und er wird König von Frankreich. Seine Mutter Anna von Österreich ist als Regentin eingesetzt. Doch es sind unruhige Zeiten. Die Fronde (1648-1653), der Aufstand des französischen Hochadels und des Volkes von Paris wirft ihren Schatten auf die Kindheit von Ludwig. Er fühlt sich durch die Arroganz des Adels und durch die Unruhen in seiner Hauptstadt erniedrigt. Eines Nachts muss er sogar, versteckt in einer Kutsche, fliehen. Das wird er nicht vergessen.

Der König regiert nun selbst

Im Jahre **1660 heiratet Ludwig die Infantin Maria Theresia von Spanien.** Als im darauffolgenden Jahr sein Pate und Premierminister Kardinal Mazarin stirbt, nimmt Ludwig endlich **im Alter von 23 Jahren** das Zepter allein in die Hand.
Keiner schenkt dem jungen König Glauben. Doch welch ein Irrtum. Er schiebt den Hochadel beiseite und umgibt sich mit zumeist bürgerlichen Beratern, die ihm tief verbunden und zu Dank verpflichtet sind.

Das Jahrhundert von Ludwig XIV. und Schloss Versailles

Die **ersten zwanzig Jahre der Regierung des Sonnenkönigs** sind wohl **die strahlendsten**. Mit seinem Minister Colbert setzt er eine Reorganisation der Staatsverwaltung und der Finanzen des Königreiches um.
Er fördert die Entwicklung des Handels und der Manufakturen (das sind die ersten Fabriken ...).

Der Nachfolger Colberts, Louvois reformiert die Armee und ermöglicht es so dem König, auch militärische Erfolge zu erringen.

Schlussendlich gilt der König als **Förderer der schönen Künste und der Wissenschaften.** Er unterstützt das Theater mit Molière und Racine, die Musik mit Lully, die Architektur, die Malerei und auch die Wissenschaften im Rahmen der königlichen Akademien. Diese Erfolge bieten auch die Ideen für den Dekor des Gewölbes der Spiegelgalerien.

Um die **königliche Autorität zu stärken** wird Ludwig nicht nur die Verwaltung und die Regierung reformieren. Im Jahr 1661 beschließt er auch Versailles, das ehemalige Jagdschloss seines Vaters zu vergrößern. Er geht davon aus, dass die Pracht der Bauten, die ein König errichten lässt, auch ein politisches Werkzeug sein kann.

Durch **unglaubliche Umbauarbeiten** wird aus einem bescheidenen Jagdpavillon eines der **größten Schlösser Frankreichs,** das den Glanz der französischen Monarchie unterstreicht. Im Jahre **1682** verlegt Ludwig XIV den **Hof nach Versailles.**

„L'État, c'est moi!"
Der Staat bin ich!
Ludwig XIV.

Der Mythos des Sonnenkönigs

Ludwig XIV wählt die Sonne zu seinem **königlichen Emblem.** Die Sonne als Sinnbild des Gottes Apollon, der Gott des Friedens und der schönen Künste. Die Sonne als lebensspendender Himmelskörper, der mit immer gleicher Regelmäßigkeit kommt und geht.
Wie Apollon bringt Ludwig, der Kriegsheld, den Frieden in das Land zurück, er beschützt die Künstler und verschenkt seine Gunst.
Wie die Sonne ist sein Leben einem ganz bestimmten Rhythmus untergeordnet. Er weist mit seinen öffentlichen Lever (das Aufstehen) und Coucher (Zubettgehen du Roi) auf die Ähnlichkeit mit der Sonne hin.

In ganz Versailles finden sich die Attribute von Apollon wieder: die Lyra, der Lorbeer, der Dreizack. Die königlichen Portraits sind mit den königlichen Emblemen versehen (das doppelte L, die Krone, das Zepter und die Hand der Justiz).
Im königlichen Salon, dem Salon Apollon oder auch dem Paradezimmer des Königs und in den Gärten findet sich die Geschichte Apollons wieder.

Die Wahrzeichen des Königs und der Sonne

Die Wahrzeichen des Königs sind überall im Schloss wieder zu entdecken. Sie dienen dazu, den **Ruhm** des Königs **zu unterstreichen.**

Königliche Wahrzeichen

- Das Monogramm des Königs (doppeltes, gekröntes L)
- Die Krone
- Das Zepter und die Hand der Justiz
- Die französische Lilie

Wahrzeichen der Sonne

- Die Sonnenmaske
- Die Lyra Apollons, Gott der Sonne
- Der Lorbeer (die dem Apollon gewidmete Pflanze)

Das Trianon –
Marie Antoinettes Lustschloss in Versailles

Das Trianon war der **Lieblingsplatz der Königin Marie-Antoinette.** Sie bekam es als Morgengabe von ihrem Mann, König Ludwig XVI., geschenkt. Sie hatte dort freie Hand und alles unterstand ihrem Befehl.

Das Schloss dient ihr als Ort der Entspannung, des Spiels und für Feste.

Das Hameau

Die Königin ließ **ab 1783 ihr eigenes Dorf, das Hameau,** erbauen. Das Ländliche war modern und der Adel übte sich im Landleben.

Innerhalb von zwei Jahren erbaute die Königin ein **Dorf im normannischen Stil** und lies sich dabei durch Abbildung von Malern und einem **idealisierten Bild des Landlebens** leiten.

Strohbedeckte Katen die **von Obst- und Blumengärten gesäumt** waren, alles um einen bezaubernden See angeordnet. So stellte sich die verwöhnte Königin das Leben der Bauern vor.

Ein Stück entfernt gab es einen **landwirtschaftlichen Musterbetrieb** in dem sie Kühe molk und die Ziegen hütete. Der **Bauernhof versorgte die Küchen von Versailles** mit seinen Produkten.

Kennst du die Antwort?

Wie hieß der Ehemann von
Marie-Antoinette? Wie starb er?

Jetzt müssen wir nur noch nach Versailles kommen. Welche öffentlichen Verkehrsmittel musst Du verwenden, um von Paris dorthin zu kommen?

E	I	F	F	E	L	T	U	R	M	O	T
p	F	L	H	N	U	A	E	S	U	S	U
A	C	O	N	C	O	R	D	E	N	E	I
R	D	U	A	D	X	Y	U	I	A	I	L
I	B	V	P	T	R	I	A	N	O	N	E
S	A	R	O	E	O	S	N	E	O	E	R
K	E	E	L	D	A	E	D	Y	L	I	I
P	O	N	T	N	E	U	F	L	A	L	E
K	N	V	E	R	S	A	I	L	L	E	S
N	A	P	O	L	E	O	N	N	M	F	N
O	N	O	T	R	E	D	A	M	E	A	W
M	O	N	T	M	A	R	T	R	E	R	E

Paris

Trianon

Notre Dame

Louvre

Tuileries

Seine

Concorde

Napoleon

Eiffelturm

Montmartre

Pont Neuf

Versailles

Liste der wichtigsten Museen & Sehenswürdigkeiten

1. Arc de Triomphe ❑
2. L'Etoile ❑
3. Eiffelturm ❑
4. Musée du Louvre ❑
5. Musée Rodin ❑
6. Montmartre ❑
7. Sacré Cœur ❑
8. Place du Tertre ❑
9. Versailles ❑
10. Petit Trianon ❑
11. Disney Land ❑
12. Place de la Concorde ❑
13. La Madeleine ❑
14. Kathedrale von Notre Dame ❑
15. Sainte Chapelle ❑
16. Conciergerie ❑
17. Pont Neuf ❑
18. Invalidendom ❑
19. Palais Chaillot ❑
20. Die Katakomben ❑
21. Le Parc de La Villette ❑
22. L'île de la Cité ❑

23. Champs Elysées ❑
24. Grand Palais ❑
25. Petit Palais ❑
26. Die Seine ❑
27. Centre Pompidou ❑
28. Place des Vosges ❑
29. Musée d'Orsay ❑
30. Palais Royal ❑
31. Café les Deux Magots ❑
32. Fauchon ❑
33. Die Bouquinistes ❑
34. Die Grande Arche ❑
35. Die Métro ❑
36. Die FNAC ❑
37. Jardin du Luxembourg ❑
38. Place de La Bastille ❑
39. Boulevard St. Michel ❑
40. Panthéon ❑
41. Opera Garnier ❑
42. Jardin des Tuileries ❑
43. ....
44. ....
45. ....
46. ....

....

* Ja, wir haben viel gesehen.

Was hast du noch alles in Paris entdeckt?

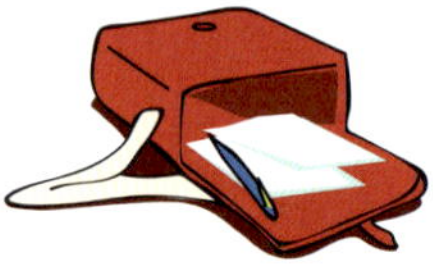

Schreibe es auf, damit wir uns bei deinem nächsten Besuch in dieser Stadt wieder sehen können.

Habt ihr vielleicht auch eines der zahlreichen Kaffees oder Euro Disney besucht?

Wer war aller mit dir in Paris unterwegs:

....

....

....

....

Wir wünschen dir auf jeden Fall viel Spaß in dieser tollen Stadt!

Ich bin am .... per Flugzeug/ Schiff/ Fähre/Auto nach Paris gekommen und am .... abgereist.

Hier findest du die Auflösung

Seite 5:
1. 16 Linien
2. Was ist ein RER: Ein Regionalzug: Réseau express régional

Seite 9:
1. Die Straßen sind sternenförmig angelegt
2. Am 14. Juli stürmten die Pariser das Gefängnis : La Bastille

Seite 11:
1. Antwort: Jean François Champollion
2. In Luxor / Ägypten

Seite 12: Antwort: Liberté/ Egalité/ Fraternité

Seite 17:
1. Die Tour de France, das große Radrennen
2. Der Obelisk auf der Place de la Concorde,
   der Arc de Triomphe auf der Place de l'Etoile

Seite 19:
1. 7.300 Tonnen
2. 324 Meter hoch
3. Die französische Revolution : 1789

Seite 20: Mehrere Möglichkeiten: unter anderem
1. Joseph Bonaparte
2. Jerome Bonaparte
3. Napoleon
4. Jean Babptiste Bessieres
5. Der Herzog von Reichsstadt (der Sohn Napoleon I)

Seite 23: Antwort 2

Seite 26:
1. Der Denker/ Le Penseur
2. Der Kuss/ le Baiser

Seite 34: Toulouse Lautrec (1864-1901)

Seite 37: Henri IV

Seite 39: Antwort: gotisch

Seite 41:
1. Länge 137
2. Höhe der Türme: 69 m
3. Länge des Chores: 12 m
4. Länge des Querschiffs: 31 m
5. Durchmesser der Rosette: 13m

Seite 45:
1. Es gibt 6 Stockwerke
2. Farben: blau/grün/ gelb/ rot/weiß
3. Quartier Beaubourg

Seite 47:
1. Edouard Manet, Paul Cezanne, Gustave Caillebotte,
   Claude Monet, Auguste Renoir
2. Edgar Degas
3. Claude Monet
4. Vincent van Gogh
5. Mehrere Antworten möglich:
   z.b. die Kirche von Auvers sur Oise, L'Arlesienne...

Seite 56:
1. Ludwig XVI, er wurde geköpft
2. Mit dem RER C

Impressum und Bildnachweis:

Ausmalfahne: www.flagsonline.it
Fotos: fotolia.at: Cover, S. 8, S. 14, S. 19, S.26, S. 30, S. 36, S. 46, S. 49, S. 54;
www.piqs.de: www.piqs.de: S.4, ralfschlegel, „metro station paris", some rights reserved, S. 5, Pedro Simoes, „Paris Old Metro Signboard", some rights reserved, S. 9, S. Unger, „Arc de Triomphe", some rights reserved, S. 10, Inn, „un deux trois", some rights reserved, S. 20, ggussmann, „Invalidendom", some rights reserved, S. 32, Oliver Angst, „Louvre", some rights reserved, S. 34, Patrick H., „Moulin Rouge", some rights reserved, S. 35, ppseeger, „Basilika Sacré-Coeur", some rights reserved, S.38, Lischen, „In den Straßen von Paris...", some rights reserved, S. 44, W.Schaube, „Kunst-Klima(anlage)", some rights reserved
Fotonachweis für das Musée Rodin: S. 26, „Der Denker", „Der Kuss" – alle Werke von Auguste Rodin.
Fotonachweis für das Musée du Louvre: S. 21, Ausschnitt aus dem Bild „Krönung Napoleons", von Jacques-Louis David © RMN-GP (Musée du Louvre) / Hervé Lewandowski
Alle anderen Fotos: Nicole Ehrlich-Adám, Stefan Ehrlich-Adám, Caroline Salzer
Labyrinth S. 33 zur Verfügung gestellt von: www.malvorlagen-bilder.de

Text und Idee: Nicole Ehrlich-Adám, Caroline Salzer

Illustration: Ursula Simec
Grafische Gestaltung: paris-füllerer-st.pölten, www.wirgestalten.com

ISBN: 978-3-9503258-1-2
5. Auflage 2022, Nele Verlag/Tosaco Gmbh
www.globetrotterkids.at

Alle Angaben und Informationen in diesem Reiseführer beruhen auf gründlicher Recherche der Autorinnen. Sollten sich dennoch Fehler eingeschlichen haben, können wir dafür keine Haftung übernehmen. Wir sind aber für Tipps, Anregungen und auch Kritik dankbar. Schreiben Sie uns Ihre Meinung an: office@globetrotterkids.at